¡EUREKA!
BIOGRAFÍAS DE CIENCIA

Perfil científico

Nombre: Marie Curie
(nacida Maria Salomea Sklodowska)

Fecha de nacimiento: 7 de noviembre de 1867

Fecha de defunción: 4 de julio de 1934

Educación: la Sorbona

Sus éxitos más importantes:

- Descubrimiento de la radiactividad

- Descubrimiento de los elementos radiactivos radio y polonio

- Ganadora de dos premios Nobel (de Física y de Química)

- Fue la primera mujer que impartió clases en la Sorbona

- Pionera en la utilización de unidades móviles de rayos X para examinar a los soldados heridos en los campos de batalla

PAPEL ECOLÓGICO
TCF LIBRE DE CLORO

FOTOCOPIAR LIBROS
NO ES LEGAL

LIBRO AMIGO DE LOS BOSQUES
PAPEL PROCEDENTE DE FUENTES RESPONSABLES

Derechos cedidos por Edicions Bromera

Título original: *Marie Curie and Radioactivity*
© The Salariya Book Company Ltd., 2019
Publicado por acuerdo con IMC Agencia Literaria
Texto: Ian Graham
Ilustraciones: Annaliese Stoney
© Traducción: Josep Franco Martínez, 2020
© Algar Editorial
    Apartado de correos 225 - 46600 Alzira
    www.algareditorial.com
Impresión: Romanyà-Valls

1.ª edición: octubre, 2020
ISBN: 978-84-9142-399-7
DL: V-1891-2020

¡EUREKA!
BIOGRAFÍAS DE CIENCIA

MARIE CURIE Y LA RADIACTIVIDAD

IAN GRAHAM
ANNALIESE STONEY

algar

INTRODUCCIÓN

 l día 7 de noviembre de 1867, vino al mundo una niña en Varsovia, Polonia, destinada a convertirse en una de las científicas más famosas e importantes del siglo xx. Sus descubrimientos cambiaron el mundo científico para siempre. También ayudaron a descubrir nuevos tratamientos contra el cáncer y a progresar en el uso de la energía atómica. Además, permitieron implantar centenares de nuevas instalaciones de rayos X en los

hospitales. Su nombre era Maria Sklodowska, pero el mundo la recuerda como Marie Curie.

Maria tuvo que superar muchas dificultades en su camino hacia la fama y los éxitos. Nació en un tiempo en el que las mujeres no podían asistir a la universidad en Polonia ni convertirse en científicas investigadoras. Pero era una mujer muy inteligente y con muchísimas buenas ideas, por lo que pudo arreglárselas para asistir a la universidad. Luego, se convirtió en la primera mujer europea que consiguió un doctorado en Física y en la primera mujer que llegó a ser catedrática universitaria en Francia. Formó y dirigió a centenares de científicos, muchos de los cuales realizaron también descubrimientos importantes.

El primer libro sobre su vida lo escribió Ève, una de las dos hijas que tuvo. Ève sospechaba que su madre rechazaría la idea de que alguien quisiera escribir un libro sobre ella. Imaginaba que diría: «Ève, no pierdas el tiempo. Lo que importa es la ciencia, no las científicas», porque

Marie Curie nunca se sintió atraída por la fama. Pero Ève le podría haber dicho, como dijo a sus amigos: «Me da miedo que si no escribo yo el libro, lo escriba cualquier otra persona. Y, sea quien sea, es imposible que conozca a Marie Curie tan bien como yo. Para evitar posibles equivocaciones, es mejor que lo escriba yo».

Antes de empezar la redacción del libro, Ève reunió todas las cartas, periódicos y notas sobre la vida de su madre que fue capaz de encontrar. También viajó a Polonia para hablar con la familia de su madre. Y, por supuesto, anotó todos los recuerdos de su propia vida. Recordaba su visita a los Estados Unidos cuando Marie Curie empezaba ser famosa: todos los premios y reconocimientos que le entregaron, sus trabajos médicos pioneros durante la Primera Guerra Mundial y sus descubrimientos científicos que cambiaron la historia. Y recordó también los momentos en los que su madre hablaba de su infancia y de su trabajo.

CAPÍTULO 1

1883

Cuando yo tenía quince años, el ministro de Educación de la Polonia rusa, el señor Apushtin, visitó mi colegio. Era mi último curso. Nos reunimos todos en el vestíbulo de la escuela. Entonces, el señor Apushtin pronunció mi nombre con su voz oscura y fuerte: Maria Sklodowska. Aquella voz resonó en todo el vestíbulo. Cuando salí delante de todos, me dio una medalla de oro porque fui la primera de mi curso. Mi padre no esperaba menos de mí, pero igualmente se mostró muy orgulloso.

En la Varsovia dominada por Rusia, las chicas no podían ir a la universidad cuando

LA FAMILIA DE MARIE CURIE

La mujer que iba a convertirse en Marie Curie nació en Varsovia el día 7 de noviembre de 1867 con el nombre de Maria Salomea Sklodowska. En su casa, todos la llamaban Manya. Su padre, Vladislav Sklodowski era profesor de Física y Matemáticas. Su madre, Bronislawa, era la directora de una escuela femenina. Manya era la menor de cinco hermanos. Cuando tenía diez años, su madre murió de tuberculosis. Tres años después, su hermana mayor, Sophie, murió víctima de una enfermedad llamada *tifus*.

terminaban la escuela. No estaba permitido. Era ilegal educar a las mujeres. ¿Os lo podéis creer? Por supuesto, nosotras no lo aceptábamos. Los polacos estamos hechos de una pasta muy dura, no tenemos más remedio. Teníamos que desobedecer a los rusos que controlaban nuestro país, y sus leyes. Algunos profesores se encargaban de enseñar a las chicas polacas, pero tenían que hacerlo en secreto. Impartían clases privadas en sus domicilios y en algunas instituciones distribuidas por Varsovia. Las clases tenían que cambiar de lugar muy a menudo para evitar que nos descubrieran, por eso las llamábamos *la Universidad Volante*. Cualquier persona a quien descubrieran infringiendo las leyes podía ser enviada a las frías prisiones de Siberia, por lo que teníamos que ser muy prudentes.

Mi hermana mayor, Bronya, quería ser médica. La única manera de conseguirlo era marcharse a París y estudiar en la universidad de la Sorbona, que era una de las pocas universidades de

LA POLONIA RUSA

Polonia sufrió algunas derrotas en las diferentes guerras del siglo XIX. El territorio fue ocupado por los enemigos, que se lo dividieron entre ellos. Marie Curie creció en la parte de Polonia que pertenecía al Imperio ruso. Los rusos prohibieron el polaco en las escuelas, sustituyeron a los profesores polacos por profesores rusos y quemaron los libros polacos. Los niños polacos tenían que hablar ruso en la escuela. Polonia no volvió a ser un país independiente hasta que no terminó la Primera Guerra Mundial (1914-1918).

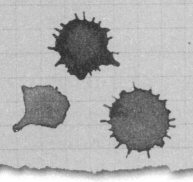

Europa donde podían estudiar las mujeres. Pero ni siquiera reuniendo todos sus ahorros tenía el dinero suficiente para irse. De manera que yo tuve una idea.

—He estado pensando mucho sobre cómo resolver nuestro problema —le dije a Bronya—. También he hablado con nuestro padre y creo que ya sé cómo resolverlo.

Bronya no lo tenía tan claro.

—Puedo pagar el billete de tren hasta París —dijo— y aún me quedaría dinero para poder vivir un año. Pero la carrera de Medicina dura cinco años... Es imposible.

—Si lo intentamos separadas, fracasaremos —le quise explicar mi plan—, pero si lo intentamos unidas...

—¿Qué quieres decir con lo de intentarlo unidas? —me preguntó.

—Vete a París —le dije— y vive del dinero que tienes ahorrado mientras puedas. Mientras tanto, yo intentaré encontrar un trabajo como institutriz. Cuando se termine tu dinero, nuestro padre y yo ya podremos enviarte más, hasta que puedas terminar la carrera. Cuando termines tus estudios, puedes hacer lo mismo para ayudarme a mí. Así, si seguimos mi plan, en lugar de fracasar las dos, las dos triunfaremos.

Lo hicimos así. Bronya se marchó a París y yo empecé a trabajar como institutriz. Mi padre y yo le enviábamos dinero y ella pudo terminar la carrera. Poco antes de convertirse en médica, cuando estaba a punto de casarse también con un médico, me llegó una carta de París. Reconocí la letra enseguida. Era una carta de Bronya que me decía que por fin había llegado mi turno de ir a París. Pero entonces yo le había prometido a mi padre, que iba envejeciendo, que me quedaría con él en Varsovia. Después de haber pasado tantos años trabajando como institutriz, mi sueño de ir a la Universidad de París se había ido desvaneciendo. Pero Bronya me convenció, su insistencia hizo que me volvieran a entrar las ganas de estudiar y, cuando nuestro padre accedió, decidí marcharme.

Mientras esperaba a que comenzaran las clases en la Sorbona, volví a la maravillosa Universidad Volante y entré en un laboratorio científico por primera vez en mi vida. Era en el Museo de Industria y Agricultura. Allí hice mis primeros experimentos científicos y me sentí como en casa. Así descubrí que aquel era el trabajo que yo quería ejercer durante el resto de mi vida, si era posible. Estaba preparada para ir a la Sorbona.

Había llegado el momento de irme a París. Compré el billete de tren más barato que encontré, de cuarta clase. El vagón, que era solo para mujeres, ni siquiera tenía bancos donde sentarnos. Me compré una silla plegable para poder sentarme. Fue un viaje muy largo, más de mil seiscientos kilómetros en un tren de vapor. Duró cuarenta horas. Y en aquel vagón hacía mucho frío porque en la cuarta clase no había calefacción. Me cubría con un edredón para estar calentita, traía de casa toda la comida y toda la bebida que necesitaba y me entretenía leyendo los libros que llevaba.

- Maria Sklodowska va a clase en secreto en la Polonia rusa, donde es ilegal que las chicas estudien.
- Maria trabaja como institutriz para que su hermana pueda estudiar Medicina en la Sorbona de París.
- Por fin, Maria puede empezar sus estudios en la Universidad de París, en 1891.

CAPÍTULO 2

1891

Cuando llegué a París, el marido de mi hermana Bronya me estaba esperando. Fuimos a su apartamento, donde viviría hasta que encontrara un sitio para mí sola. Pocos días después, Bronya y yo fuimos a la Sorbona para matricularme. Firmé los impresos de matrícula con la versión francesa de mi nombre: Marie. Yo era una de las aproximadamente veinte mujeres que formaríamos parte de los casi dos mil alumnos de la Facultad de Ciencias. Me sorprendió la libertad de la que gozaban los estudiantes de París, comparada con la de las escuelas de Polonia. Los estudiantes podían decidir si iban a clase o no. Hasta podían decidir si se examinaban o no al terminar el curso.

Después de haber pasado muchos años trabajando duramente y ahorrando dinero, empecé por fin a estudiar ciencias en la maravillosa, libre y preciosa ciudad de París. No podía sentirme más feliz. Iba todos los días a la Sorbona en un tranvía de caballos y asistía a las clases que impartían los mejores científicos. Me sentía en el paraíso.

Solo estaba preocupada porque mi francés no era tan bueno como yo había creído que era. Los profesores de ciencias hablaban muchas veces demasiado deprisa como para que fuera capaz de entender todas sus palabras. Algunas veces tenía que preguntar a mis compañeros qué habían dicho. También pensaba que me había preparado bien gracias a mis clases secretas de ciencias en

LA TORRE EIFFEL

Cuando Maria Sklodowska llegó a París en el
año 1891, una nueva estructura dominaba la
ciudad. Una empresa constructora dirigida
por Gustave Eiffel la había diseñado y
construido a la entrada de la Exposición
Universal de 1889. Aún la conocemos con
el nombre de *Torre Eiffel*. Fue el edificio
más alto construido por el hombre durante
cuarenta y un años. Al principio, centenares
de escritores y artistas protestaron contra
la torre. Consideraban que era un feo montón
de hierro, a la entrada de una bella ciudad.
Pero muy pronto fue difícil imaginar París
sin la Torre Eiffel.

la Universidad Volante y a todo lo que me había
enseñado mi padre. Pero enseguida descubrí que
no llegaba al nivel necesario para estudiar en
la Sorbona. Tendría que trabajar mucho y pasar
muchas horas estudiando para llegar al nivel
de los demás alumnos. Me daba mucho miedo
fracasar.

Apenas conservo recuerdos de los dos primeros
años porque tuve que estudiar mucho. A veces,
hasta me olvidaba de comer. Una vez tenía tanta
hambre que me desmayé. Mi hermana estaba
horrorizada y, a partir de aquel día, me obligó a
comer bien. El tiempo pasaba volando. Fueron los
mejores años de mi vida. Realicé el examen final
en julio de 1893. Pocos días después me senté en
el gran anfiteatro de la Sorbona junto con treinta
estudiantes más y sus amigos y familiares, para
conocer nuestros resultados. Temblaba de miedo.
Me tapé la cara con las manos y comprobé que,
en efecto, los dedos me temblaban de verdad.
Mi futuro, el resto de mi vida, dependía de las
palabras que los examinadores estaban a punto de

pronunciar. No podía soportar la idea de volver a
Polonia habiendo fracasado y de tener que pasar
el resto de mi vida trabajando como institutriz
y soñando con la vida que hubiera podido tener
pero perdí. La voz del examinador me despertó
de aquella pesadilla. Cuando todos callaron y se
serenaron, dijo:

—Leeré los resultados por orden de mérito.
La estudiante con una nota más alta es... Marie
Sklodowska.

No me podía creer que hubiera dicho mi
nombre. A pesar del miedo que me daba
haber fracasado, me gradué con la nota más
alta. De hecho, era la primera mujer que se
graduaba con la nota más alta en Física. Todas
mis preocupaciones se desvanecieron y ahora
temblaba de felicidad y de satisfacción en lugar
de temblar de miedo. Tenía muchas ganas de
regresar a Polonia y de darles la buena noticia a
mis familiares.

Sabía lo que quería hacer a continuación,
pero no sabía cómo hacerlo. Había comprendido

que las matemáticas son muy importantes para
la ciencia, por eso quería volver a la Sorbona
y estudiar un grado superior de Matemáticas.
El problema era que no había podido ahorrar
dinero y mi familia ya no podía ayudarme más. Ya
habían hecho más de lo necesario por ayudarme.
Creía haberlo perdido todo. Pensé que tendría
que buscar un trabajo de profesora de ciencias
en Varsovia. Pero entonces ocurrió un milagro.
Una fundación que ayudaba a los estudiantes
polacos en el extranjero había oído hablar de mí
y decidieron darme el dinero que necesitaba. De
manera que, pocos meses después, regresé a París
para estudiar Matemáticas.

Me gradué en Matemáticas en julio de 1894,
pero me sentía frustrada porque solo fui la
segunda de mi clase. Poco tiempo después,
me propusieron una investigación sobre las
propiedades magnéticas del acero. Se trataba de
una investigación muy importante, relacionada
con las nuevas tecnologías de los motores
eléctricos y los generadores. Necesitaba un

laboratorio para trabajar, pero no encontraba el lugar adecuado. Entonces tuve la oportunidad de conocer a una persona que podía ayudarme. Fui al apartamento de unos amigos, y allí me encontré con un hombre alto que miraba por la ventana del balcón. Tenía los ojos grandes y el cabello castaño. Daba la impresión de ser más joven de los treinta y cinco años que había

LA SORBONA

La Sorbona es una de las facultades más antiguas de la Universidad de París. La creó Robert Sorbon, sacerdote de la corte del rey Luis IX, con una donación del rey. Es una de las partes más famosas de la universidad, y por eso toda la universidad se conoce con el nombre de la Sorbona.

cumplido y tenía cara de soñador. Se trataba del profesor de Física Pierre Curie. Se sorprendió mucho al ver que yo, una mujer, era también física, una experiencia absolutamente nueva para él. Pronto establecimos una relación muy buena entre nosotros. Cuando volví a Varsovia aquel verano, él creyó que me había ido para siempre. Me escribía cartas y más cartas pidiéndome que regresara a París. Recuerdo que en una de las cartas me decía: «Creo que estaría muy bien que pasáramos nuestras vidas juntos». Finalmente, cedí y decidí volver a Francia. Un año después nos casamos. Maria Sklodowska se había convertido en Marie Curie.

Unos meses después, leímos algunas noticias sobre el descubrimiento de los rayos X que realizó Wilhelm Roentgen. Aquel descubrimiento causó una gran impresión entre los científicos porque nadie sabía que aquellos rayos existían ni lo que eran. Luego supimos que Henri Becquerel había descubierto otros rayos que emanaban del uranio. Roentgen tenía que utilizar un buen equipo en su laboratorio, con electricidad de alto voltaje, para poder producir los rayos X, pero el uranio desprendía rayos sin necesidad de ningún equipamiento ni de electricidad para producirlos. Eran unos rayos completamente naturales. Yo aún no lo sabía por aquel tiempo, pero aquellos dos descubrimientos iban a ocupar el resto de mi vida.

- Maria tiene que trabajar mucho para llegar al nivel de los demás estudiantes de la Facultad de Ciencias de la Sorbona.
- Se gradúa en Física como la primera de su clase en julio de 1893 y termina sus estudios de Matemáticas en 1894.
- Maria conoce a su compañero científico Pierre Curie, con quien se casa y por eso cambia su apellido.

31

LOS RAYOS X

Wilhelm Roentgen (1845-1923) fue un científico alemán fascinado por las propiedades de los tubos de vacío, que eran unos tubos de vidrio de cuyo interior se había sacado todo el aire. Una corriente eléctrica fluía a través del tubo entre dos láminas de metal llamadas *electrodos*. En 1895, Roentgen descubrió que en el interior de aquellos tubos se podían producir rayos invisibles que dejaban marcas brillantes en una pantalla. Como no sabía lo que eran, los llamó *rayos X*. Luego descubrió que podían atravesar algunas partes del cuerpo humano y que dejaban una sombra sobre el papel fotográfico que mostraba los huesos.

¿QUIÉN ERA HENRI BECQUEREL?

Henri Becquerel (1852-1908) fue el científico francés que descubrió la radiactividad. Después de que Roentgen descubriera los rayos X, Becquerel puso a prueba diversos materiales para comprobar si producían los mismos rayos. Un día de 1896, dejó una pieza de uranio dentro de un cajón donde también había papel fotográfico. Cuando reveló el papel, con los elementos químicos necesarios, no esperaba encontrar nada impreso, pero descubrió una marca oscura. Unos rayos invisibles que emanaban del uranio habían oscurecido el papel.

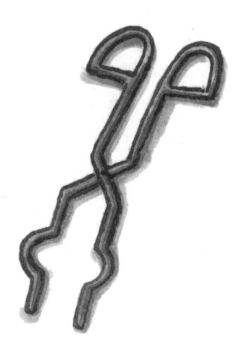

CAPÍTULO 3

1897

na mañana fría de 1897 le comuniqué a mi marido Pierre que había tomado una decisión muy importante:

–Quiero intentar sacarme un doctorado.

Me miró muy sorprendido.

–Es el paso siguiente, ¿no? –le dije–. Un grado, un máster, un doctorado...

Pierre no recordaba a ninguna otra mujer en Francia con un doctorado de Ciencias.

—Si lo consigues serás la primera en Francia, tal vez la primera en Europa, incluso. Creo que nunca lo ha hecho ninguna mujer.

En efecto, ninguna mujer del mundo había conseguido por aquel entonces un doctorado en Ciencias.

—Si es así, ya es hora de que lo haga alguna mujer —le dije—, y muy bien puedo ser yo.

Pierre tenía muy claro que podía ser así. Se sentó en silencio durante unos momentos, moviendo la cabeza lentamente. De repente, se levantó, se acercó a nuestra librería y trajo un montón desordenado de revistas y periódicos científicos.

—¿Qué haces? —le pregunté.

—Bueno —me dijo—, si estás decidida a hacer historia, deberás encontrar un buen tema de investigación, ¿no crees? A no ser que ya hayas pensado en algo...

Lo negué con la cabeza.

Puso todos aquellos papeles sobre la mesa.

—Vamos, empecemos. Tiene que haber alguna información que nos ayude.

Mientras repasábamos las revistas científicas, Pierre sugirió una idea.

—¿Qué te parecería hacer algo relacionado con tu trabajo con el acero?

Se refería a mis investigaciones sobre las propiedades magnéticas del acero.

—No. Quiero algo completamente nuevo, completamente diferente.

—¿Por qué?

La respuesta me pareció obvia.

—No quiero perder el tiempo leyendo sobre años y años de investigaciones para saber todo lo que ya se ha hecho. Tardaría demasiado.

—Quieres decir que no tienes la paciencia suficiente...

Yo quería encontrar algo nuevo que nadie hubiera estudiado nunca. Así podría empezar

ELEMENTOS Y COMPUESTOS

El uranio pertenece a una clase de sustancias llamadas *elementos*. Los elementos están constituidos por partículas de materia llamadas átomos. Hay muchas clases diferentes de átomos. Un elemento está formado solo por una clase de átomos. Cuando dos o más átomos se enlazan, forman una molécula. Cuando átomos o moléculas diferentes se enlazan, forman unas sustancias llamadas *compuestos*.

Por ejemplo, el agua es un compuesto formado por dos elementos: hidrógeno y oxígeno. Cada molécula de agua está formada por dos átomos de hidrógeno y uno de oxígeno.

enseguida a trabajar con eso en el laboratorio. La primera posibilidad que se me ocurrió fueron los rayos X de Roentgen. Los había encontrado hacía solo dos años, de manera que se trataba de un descubrimiento muy nuevo. Al principio me pareció una elección muy prometedora. Luego descubrí que ya se habían publicado centenares de trabajos científicos a propósito de los rayos X y que había muchos más en vías de publicación.

De repente, los dos dijimos a la vez:

—¡Los rayos de uranio de Becquerel!

Empezamos a buscar información en las revistas científicas, pero había muy poco material sobre los misteriosos rayos de uranio. Del mismo modo que los rayos X habían atraído el interés de muchos científicos, los rayos de uranio habían sido ignorados. Ni siquiera Becquerel había continuado investigándolos más profundamente. Por las informaciones que pude leer, nadie los había estudiado aún en Europa. Me decidí:

—Ya he encontrado el objeto de mi investigación.

Empecé a trabajar en diciembre de 1897. Pierre consiguió que su jefe me dejara una habitación de la universidad para desarrollar mi trabajo. Era apenas un taller pequeño y húmedo, con el suelo sucio, pero al menos tenía un espacio. Un día, Pierre vino a comprobar cómo iban las cosas, y yo le dije que había novedades.

—No hay nada que afecte a los rayos de uranio —le comenté—: ni la luz, ni el calor, ni los productos químicos. Creo que los rayos provienen de los propios átomos de uranio.

Pierre no lo tenía claro. De hecho, no se lo podía creer.

—Eso es imposible —me dijo.

Por aquel entonces, los científicos creían que los átomos eran los elementos más pequeños de la naturaleza. Consideraban que los átomos ya no se podían dividir en elementos más pequeños ni se podían alterar de ninguna forma. Pero si los rayos del uranio salían efectivamente de los átomos, las ideas de los científicos sobre las propiedades de los átomos podían estar equivocadas.

—Si tienes razón —comentó Pierre—, tu descubrimiento lo cambiará todo. Necesitas demostrarlo o no se lo creerá nadie.

Tenía razón. No era suficiente con una idea o una intuición. Necesitaba pruebas que demostraran mi teoría.

—Si los átomos de uranio producen rayos —dije yo—, es posible que también lo hagan otros átomos. Tengo que poner a prueba muchos materiales, todos los que pueda.

Pierre notó que me desanimaba, me debió ver una cara muy triste.

—¿Qué te pasa, Marie? —me preguntó.

—Me costará mucho tiempo —le respondí—. Tendré que dejar cada muestra sobre un papel fotográfico durante toda la noche y, luego, tratar el papel con los productos químicos necesarios para comprobar si los rayos lo han oscurecido... ¿Y cómo podré medir la fuerza de los rayos?

Entonces recordé una propiedad del uranio que me podía ayudar a acelerar el proceso.

Normalmente, el aire no deja pasar la electricidad. Es un material de los que llamamos *aislantes*. Henri Becquerel ya había descubierto que el uranio, o los rayos que desprende, cambia el aire a su alrededor y permite que deje pasar la electricidad. Los materiales que dejan pasar la electricidad se llaman *conductores*. El uranio transforma el aire de aislante en conductor. Descubrí que podía aprovechar esta propiedad.

—¿Recuerdas el instrumento que inventasteis tú y tu hermano Jacques? —le pregunté a Pierre.

Pierre adivinó enseguida a lo que me refería. El instrumento que habían inventado era un electrómetro, diseñado para medir las corrientes eléctricas más débiles, unas corrientes tan pequeñas que no se podían medir con ningún otro instrumento. Algunos otros científicos, como el propio Becquerel, habían intentado utilizarlo, pero era tan complicado ponerlo en funcionamiento que no sabían cómo aprovecharlo. Yo estaba segura de que podría utilizarlo para acelerar las pruebas que tenía que hacer.

—Lo podría utilizar —le propuse a Pierre— para estudiar la radiactividad de los materiales...

—¿Qué es la radiactividad? —me interrumpió Pierre, que no había oído nunca aquella palabra.

—¡Oh! —le expliqué—. Yo también puedo inventar cosas. He inventado la palabra *radiactividad* para describir los rayos que emanan de materiales como el uranio. Puedo analizar la radiactividad de los materiales de una manera bastante rápida —continué—. Utilizaré el instrumento que inventaste para medir la cantidad de corriente eléctrica que pasa a través del aire que los rodea. Si no hay ninguna corriente, no es un material radiactivo. Si la hay, el material podría ser radiactivo. La cantidad de corriente eléctrica me indicará hasta qué punto puede llegar a ser radiactivo.

Aunque Pierre me ayudó, tardé tres semanas en aprender cómo funcionaba el electrómetro para poder sacarle todo el partido posible.

Mis experimentos iban mucho mejor de lo que yo había imaginado. Puse a prueba muchos materiales diferentes, pero solo las muestras que contenían uranio y otro elemento, torio, eran radiactivos. Cuando se lo dije a Pierre, se puso aún más contento que yo. Me aplaudió y me dijo:

—¡Fantástico!

Pero aún tenía que contarle más cosas.

—He hecho pruebas con la pechblenda. Estaba midiendo lo radiactiva que podía llegar a ser, pero cuando la he puesto a prueba, el resultado ha sido cuatro veces superior al que yo esperaba. No me lo podía creer, de manera que lo he vuelto a probar una y otra vez y siempre he obtenido el mismo resultado.

PECHBLENDA

La pechblenda es un material natural que contiene uranio y torio. Una roca que está formada por la misma mezcla de sustancias, como la pechblenda, se llama *mineral*. Y los minerales que contiene sustancias valiosas, como el uranio, se llaman *oras*. En la actualidad, la pechblenda se llama *uraninita*.

LA CARGA ELÉCTRICA HACE QUE EL ESPEJO GIRE Y EL RAYO DE LUZ SE MUEVA SOBRE LA REGLA.

AHORA PONGO LA MUESTRA QUE QUIERO ANALIZAR DENTRO DE LA CÁMARA DE PRUEBAS.

SI LA MUESTRA ES RADIACTIVA, LOS RAYOS QUE EMITE PERMITEN QUE UNA DÉBIL CORRIENTE ELÉCTRICA PASE A TRAVÉS DEL AIRE. ASÍ, LA CORRIENTE ELÉCTRICA HACE QUE EL RAYO DE LUZ SE MUEVA EN SENTIDO CONTRARIO SOBRE LA REGLA.

YO CRONOMETRO EL MOVIMIENTO. CUANTO MÁS DEPRISA SE MUEVE LA LUZ, MÁS RADIACTIVA ES LA MUESTRA.

ES UN FENÓMENO NOTABLE, MADAME.

Pierre revisó las medidas y los cálculos que
yo había anotado en mi cuaderno de trabajo
y no encontró ningún error, pero no sabíamos
qué significaban aquellos resultados. Hablamos
del asunto con algunos otros científicos. Todos
creían que yo había cometido algún error en el
transcurso de mi trabajo. Todos arrugaban la nariz,
me miraban y me decían que volviera a hacer los
experimentos y que, esta vez, tuviera más cuidado.
Pero yo sabía que no había hecho nada mal.
Tenía que haber otra razón que explicara aquellos
resultados inesperados. Cuando me puse a pensar
en todo aquello otra vez, la respuesta, de pronto,
me pareció obvia. Aquel exceso de radiación debía
proceder de un elemento nuevo, un elemento
que nadie había descubierto antes. Ahora estaba
segura de que se trataba de eso y quería descubrir
aquel elemento. Cuando lo comenté con Pierre, él
estuvo de acuerdo. Estaba tan emocionado con la
posibilidad de descubrir un elemento nuevo que
abandonó sus investigaciones y se vino a trabajar
conmigo. Picamos un poco de pechblenda hasta

convertirla en polvo, la calentamos y la mezclamos con agua, ácidos y otros elementos químicos, para dividirla en los diversos materiales que contenía. Finalmente, produjimos una muestra pequeña, solo unos granos de material radiactivo. Cuando lo puse a prueba, escribí los resultados en mi cuaderno, tan sorprendida que los subrayé porque no me lo podía creer. Luego, le leí a Pierre aquellos resultados en voz alta: ciento cincuenta veces más activo que el uranio. Ahora sí que lo sabía con certeza: había descubierto un nuevo elemento.

–Puesto que lo has descubierto tú –me dijo Pierre–, tienes derecho a ponerle nombre. ¿Qué nombre le quieres poner?

–Mi nuevo elemento se llamará *polonio* –lo decidí enseguida, porque aquel nombre era un homenaje al país donde nací, Polonia.

En diciembre de 1898 volvimos al trabajo, después de unas breves vacaciones. Considerábamos que aún teníamos que aprender muchas cosas de la pechblenda. Volvimos a experimentar con todas las muestras y descubrimos otra radiactiva. Trabajamos para purificarla y observamos que contenía algún elemento que era un millón de veces más radiactivo que el uranio. ¡Un millón! En cuanto analicé los resultados, supe que no podía ser uranio, ni torio ni nuestro nuevo elemento, el polonio. Tenía que ser otro elemento nuevo. Lo llamamos *radio* porque emitía una enorme radiación. Pierre y yo decidimos trabajar sobre todo con el radio a partir de aquel momento.

- Marie Curie decidió estudiar un doctorado. Eligió el nuevo descubrimiento de Henri Becquerel, los rayos de uranio, para estudiarlos.
- Empezó a creer que los rayos salían de los átomos de uranio. Y llamó a aquel fenómeno que había descubierto *radiactividad*.
- Utilizó un electrómetro para analizar qué materiales eran radiactivos. Mientras analizaba la pechblenda, descubrió dos nuevos elementos altamente radiactivos: el polonio y el radio.

CAPÍTULO 4

1899

Los demás científicos no querían creer que Pierre y yo habíamos descubierto el radio: nos pedían más pruebas. Querían una muestra de radio para poder verla y ponerla a prueba y medirla ellos mismos. Al principio, ya creía que era imposible. Había tan poco, tan poquísimo radio en la pechblenda, que tendríamos que haber procesado toneladas para sacar solo un poco de

radio capaz de soportar las pruebas químicas.
La pechblenda es muy valiosa porque contiene
uranio. Nosotros, simplemente, no teníamos
el dinero necesario para comprar la enorme
cantidad que necesitábamos.

Pierre no quiso aceptar la derrota. Puso en
marcha una campaña internacional con la
esperanza de que algún Gobierno amigo o alguna
mina generosa nos diera la pechblenda que
necesitábamos. Algunos de los implicados nos
enviaron muestras muy pequeñas que ni siquiera
se acercaban a la cantidad que necesitábamos.
Pero Pierre había oído hablar de una mina
en Bohemia que era propiedad del Gobierno.
Preguntó a un amigo científico de la zona qué
ocurría con la gran cantidad de rocas de la mina
que ya no servían porque ya les habían extraído el
uranio. Cuando lo supo, se emocionó mucho.

—¡La tiran al bosque! La dejan allí y nadie la
reclama...

—Pero Pierre, no nos lo podemos permitir...

—Sí que podemos —insistió—. La pechblenda es
tan cara porque contiene uranio. Pero cuando le
han sacado el uranio, los residuos que quedan
no valen nada, aunque contienen el radio que
nosotros necesitamos. Nos ahorraremos muchos
meses de trabajo porque no tendremos que
extraer el uranio, ya lo habrá hecho la mina
por nosotros. He escrito al Gobierno y les he
preguntado si podemos disponer de unas
cuantas toneladas de residuos. Le he dicho que
son para una investigación científica, no para
hacer negocio. Y les he dicho también que, si
nuestra investigación sale bien, los residuos se
convertirán en un material valioso y la mina los
podrá vender y ganar más dinero.

Cuando nos llegó la respuesta, no era
exactamente la que nosotros esperábamos. El
Gobierno estaba de acuerdo con vendernos
unas cuantas toneladas de residuos a bajo
precio, pero aún resultaba demasiado caro para
nosotros. Nuestros esfuerzos parecían inútiles,

pero de repente, todo cambió. Un geólogo de la Universidad de Viena había oído hablar de nuestro problema. Convenció al Gobierno para que nos enviara una tonelada de residuos gratis, si nosotros pagábamos el transporte. Pero no podíamos pagar ni siquiera eso. Por suerte, un hombre muy rico, el barón Edmond de Rothschild, también había oído hablar de nosotros. No solo nos pagó el transporte, sino que nos proporcionó el dinero necesario para comprar unas cuantas toneladas de residuos de pechblenda.

El problema siguiente era encontrar un sitio donde trabajar. Nuestro laboratorio era demasiado pequeño, necesitábamos más espacio. La Facultad de Física y Química de la universidad nos proporcionó un nuevo *laboratorio*, pero cuando fuimos a verlo nos quedamos muy decepcionados. Un funcionario nos acompañó a un patio que había en la universidad y nos dijo:

—Aquí tenéis vuestro nuevo laboratorio.

Yo miraba a nuestro alrededor, pero no encontré nada que se pareciera a un laboratorio. Desconcertada, le pregunté:

—¿Dónde, señor?

Aquel hombre nos señaló un cobertizo viejo, en un rincón del patio. Era el lugar donde los estudiantes de Medicina practicaban la disección de cadáveres. Hacía mucho tiempo que no se utilizaba y estaba en un estado lamentable. En el interior había unas cuantas mesas viejas y polvorientas, una pizarra y una estufa antigua, oxidada. Allí dentro, durante el inverno, hacía un frío glacial, y, como en el techo había una claraboya de vidrio, durante el verano el calor era insoportable. Muchos de los cristales de la claraboya estaban rotos, de manera que, cuando llovía, había goteras. Ya ni siquiera era bueno para los cadáveres, ¡pero aún podía resultar útil para los Curie! Pero no tuvimos tiempo para lamentaciones ni quejas porque el primer camión lleno de pechblenda llegó enseguida y tuvimos que ponernos a trabajar.

A menudo, yo pasaba casi todo el día removiendo una olla enorme, llena de pechblenda apestosa hirviendo, con una barra de hierro casi tan grande como yo. Teníamos que trabajar al aire libre porque en el cobertizo no había ninguna chimenea que dejara salir el humo y los gases venenosos. Al caer la noche, yo estaba siempre agotada. También utilizábamos el flamante electrómetro de Pierre para saber cuáles de los materiales que extraíamos de la pechblenda eran radiactivos. Creíamos que aquella parte del trabajo nos llevaría unos meses, pero tardamos más de cuatro años en terminarlo.

Pasábamos la mayor parte del tiempo solos, pero, a veces, conseguíamos que un técnico o un estudiante vinieran a ayudarnos. Uno de ellos, un químico joven llamado André Debierne, incluso descubrió un tercer elemento radiactivo, que llamó *actinio*.

La necesidad de pagar nuestras facturas era un problema constante. No ganábamos el dinero suficiente, de manera que tuvimos que buscar otro empleo. Pero eso nos obligaba a dedicar menos tiempo a nuestro trabajo con la pechblenda y, por lo tanto, teníamos que trabajar aún más. Siempre estábamos muertos de cansancio.

Mientras me dedicaba a purificar la mayor parte de la pechblenda, yo me preguntaba qué aspecto tendría el nuevo elemento.

—Creo que será de un color precioso —solía decir Pierre.

Entonces, una tarde fuimos a nuestro «viejo y miserable cobertizo», como yo llamaba al laboratorio, y, antes de encender las luces, noté un resplandor azulado. Y otro y otro. Aquel resplandor procedía de las muestras de radio que guardábamos en unas botellas de vidrio, en las estanterías y encima de las mesas. El resplandor era tan potente que incluso permitía la lectura. Las sospechas de Pierre eran ciertas: el radio tenía un color precioso.

Finalmente, nos las apañamos para producir una cantidad suficiente de radio que nos permitiera demostrar si se trataba, o no, de un elemento nuevo. Le llevamos una muestra a Eugène Demarçay, un experto en una ciencia llamada *espectroscopia*. Calentó nuestra muestra hasta que resplandecía y la observó con un instrumento llamado *espectroscopio*, que descomponía la luz en diversos colores, llamados *espectros*. Si las líneas de luz que veía Demarçay eran claras, limpias, eso quería decir que la muestra era de un elemento puro. Cada elemento produce su propio espectro, de manera que, si Demarçay veía una combinación de líneas de colores que no había visto nunca, eso demostraría que se trataba de un nuevo elemento. Ya había descubierto ocho nuevos elementos de aquella forma. Yo esperaba los resultados con impaciencia, paseando arriba y abajo por el laboratorio. Cuando nos dijo que la muestra no era lo suficientemente pura como para producir un espectro claro, me quedé amargamente decepcionada. Diez días después, le llevé una muestra más pura, pero aún no era válida para producir un espectro claro. Pasé cuatro meses purificando una nueva muestra, antes de llevársela. Pero aquella muestra sí que funcionó. Pudo ver un espectro claro, limpio y completamente diferente de cualquier otro que hubiera visto antes. Lo habíamos logrado. Sin duda, el radio era un elemento y se trataba de un elemento nuevo.

Una de las propiedades del radio que habíamos descubierto es que emitía calor. De hecho, producía el calor suficiente para fundir su peso en hielo y, luego, hacer hervir el agua. El calor es una forma de energía y todos los científicos saben que la energía no puede ser creada ni destruida: solo puede cambiar de forma, transformarse. De manera que la pregunta era: ¿de dónde sale la energía que produce los rayos y el calor que emanan del radio? Yo imaginaba que la energía procedía del interior de los átomos de radio, pero no sabía cómo. Pierre no estaba de acuerdo

ALFA, BETA Y GAMMA

En 1899, el físico Ernest Rutherford (1871–1937) descubrió que los elementos radiactivos producen dos clases de rayos, que él llamó *rayos alfa* y *beta*. Los rayos alfa no pasan a través de un papel, pero los rayos beta, que sí que atraviesan el papel, no pueden atravesar una lámina muy fina de aluminio. En 1900, Paul Villard (1860–1934) descubrió una tercera clase de radiación, los *rayos gamma*. Se trata de una radiación tan intensa que necesitaríamos una lámina de plomo muy gruesa o una pared de hormigón de varios metros de ancho para pararla. Los rayos alfa y beta están hechos de partículas. Los rayos gamma son ondas de energía, como la luz o las ondas de radio, pero mucho más intensas.

conmigo en absoluto. Finalmente, ni Pierre ni yo fuimos capaces de resolver el problema. Lo hizo un físico de Nueva Zelanda llamado Ernest Rutherford.

Dejamos en manos de Rutherford otro material radiactivo llamado *torio X*, que él utilizó en sus investigaciones. Descubrió que, al cabo de unos días, era menos radiactivo, como si la energía desapareciera átomo tras átomo. Pero los átomos no desparecen, sino que cambian de átomos de torio X a otros tipos de átomos. Un fenómeno que se conoce con el nombre de *transmutación*. Y cada vez que cambiaban, desprendían un poco de energía. Aquella era la energía que producía los misteriosos rayos. Pierre repitió los experimentos de Rutherford y llegó a la conclusión de que tenía razón, y, por lo tanto, también la tenía yo. La energía procedía del interior de los átomos. Comenté con científicos de todo el mundo que sus ideas que afirmaban que los átomos eran indivisibles podían estar equivocadas. A partir de aquel momento, el reto consistía en encontrar una

GANAR O NO GANAR

Marie Curie estuvo a punto de no ganar el premio Nobel de 1903. Cuando el comité tenía la intención de conceder el premio a los Curie, cuatro científicos franceses sugirieron que debían dar el premio a Henri Becquerel y a Pierre Curie, pero no a Marie. Decían que ni siquiera la tenían que nombrar. No consideraban posible que una mujer hubiera jugado un papel tan importante en una investigación tan transcendental. Cuando Pierre lo supo, comunicó al comité que, si no incluían a Marie, él rechazaría el premio.

manera de mirar dentro de los átomos para ver qué pasaba en su interior. Tenían que contener unas partículas más pequeñas que, de alguna manera, transportaban energía.

En junio de 1903, Pierre me dijo que le habían invitado a impartir una conferencia sobre el radio y la radiactividad en la Royal Institution de Londres. Él dijo que sí enseguida porque la Royal Institution es una de las organizaciones científicas más importantes del mundo. Cuando llegamos al salón de conferencias, lo encontramos lleno de científicos famosos. Me dijeron que yo era la primera mujer a la que habían permitido asistir a una de sus reuniones, pero que no podía participar en la conferencia porque aquello ya era demasiado para ellos. Pierre tuvo que hablar por los dos. Describió nuestra investigación y mostró algunos experimentos a la audiencia. Bajaron la intensidad de las luces para que los científicos pudieran ver el resplandor de nuestro radio. Le escuchaban en un silencio expectante mientras Pierre hablaba. Pierre no dominaba el inglés, de

manera que habla muy despacito en francés, con
la esperanza de que los demás fueran capaces
de seguir sus explicaciones. Yo me sentía muy
orgullosa de él.

Mientras estuvimos en Londres, nos invitaron a
muchas cenas importantes. Yo me sentaba al lado
de señoras que lucían vestidos preciosos y joyas
impresionantes. Me divertía pensando en cuántos
laboratorios hubiéramos podido construir con el
dinero que costaban aquellos diamantes.

Poco tiempo después de haber regresado a París, nos informaron de una noticia increíble que venía de Suecia. Ya habíamos ganado algunos premios por nuestro trabajo, pero no el premio científico más importante de todos: el premio Nobel. Solo se concede a los grandes descubrimientos. La noticia era que el premio Nobel de Física de aquel año, 1903, sería para Henri Becquerel, Pierre y para mí, por nuestras investigaciones y descubrimientos relacionados con la radiactividad.

Yo tenía que presentar el trabajo final sobre mis investigaciones a los examinadores de la Sorbona. Lo titulé *Investigaciones sobre sustancias radiactivas, por madame Sklodowska Curie.* El 12 de junio de 1903 llegó el momento de responder a las preguntas de los examinadores sobre mi trabajo, para que decidieran si me daban o no el título de doctora. Mi hermana Bronya me convenció para que me comprara un vestido nuevo para la ocasión. El salón estaba lleno de científicos y estudiantes que escuchaban en silencio, mientras los examinadores me hacían preguntas relacionadas con mi investigación. Los examinadores escucharon atentamente mis respuestas. No tardé demasiado a conocer su decisión. Al terminar el examen, estuvieron unos minutos discutiendo y, finalmente, uno de ellos anunció:

—La Universidad de París acuerda concederle el título de doctora en Ciencias Físicas.

El público empezó a aplaudir. Por fin había logrado el propósito que me había hecho seis años antes. ¡Cómo habíamos trabajado Pierre y yo durante aquellos seis años!

Poco tiempo después, Pierre y yo tuvimos que tomar una decisión muy importante. Algunas compañías americanas querían utilizar nuestro método para producir radio y otras sustancias a partir de la pechblenda, para venderlas y obtener beneficios. Pero no lo podían hacer sin nuestra colaboración ni nuestro permiso. Podríamos haberles vendido los derechos para utilizar nuestros métodos y hubiéramos ganado una fortuna. Pero enseguida decidimos regalar al mundo, gratuitamente, todos nuestros trabajos y nuestros secretos. Creímos que teníamos que hacerlo así.

Ocho años después, en 1911, Marie Curie supo que había ganado el premio Nobel de Química. Esto la convirtió en la primera persona galardonada con dos premios Nobel, y ahora mismo aún es la única persona que ha ganado dos premios Nobel en dos ciencias diferentes. Una gesta extraordinaria.

RADIO

En la actualidad sabemos que el radio es un metal de color plateado. Cuando entra en contacto con el aire, una reacción química transforma la superficie del radio en color negro. Brilla con una luz pálida y azulada. Cuando se calienta, se funde a una temperatura de 700 °C (1292 °F) y hierve a los 1737 °C (3159 °F). Es un elemento muy peligroso porque emite mucha radiación y produce un gas radiactivo llamado *radón*.

73

- Marie y Pierre consiguen un laboratorio nuevo en la Facultad de Física y Química de la Sorbona, donde pueden llevar a cabo sus investigaciones.

- Las investigaciones de Marie y Pierre contribuyen, como el trabajo del físico Ernest Rutherford, a cambiar el conocimiento científico de los átomos. Ahora sabemos que los átomos pueden cambiar y que la energía que desprenden durante el proceso, llamado *transmutación*, es la que produce los rayos radiactivos de elementos como el radio.

- Marie y Pierre Curie junto con Henry Becquerel ganan el premio Nobel de Física del año 1903 por sus trabajos. Al terminar sus estudios superiores, Marie consigue el título de doctora en Ciencias Físicas.

CAPÍTULO 5

1914

A principios del año 1914, yo estaba criando, sola, a mis dos preciosas hijas, Irène y Ève. Mi marido, Pierre, había muerto en un accidente de tráfico ocho años antes. La vida continuaba, pero me sentía muy triste. Lo tenía siempre presente y lo echaba de menos dolorosamente cada día.

La Sorbona me propuso cubrir la plaza de Pierre: fui la primera mujer que se convertía

LA MUERTE DE PIERRE CURIE

La tarde del día 19 de abril de 1906 llovía mucho en París. Pierre Curie caminaba deprisa, cubierto con un paraguas para no mojarse. Al cruzar la calle Dauphine, siempre muy transitada, pasó por detrás de un taxi y resbaló bajo las patas de dos caballos que transportaban un gran vagón. La suerte quiso que las patas de los caballos lo respetaran. Pasó, resbalando, por debajo de las ruedas del vagón, sin sufrir ningún mal. Pero justo cuando parecía que saldría ileso del accidente, una de las ruedas traseras del vagón le pasó por encima de la cabeza y lo mató en el acto.

en catedrática y en jefa del departamento
de investigación. De este modo comencé a
impartir las clases de Pierre y continué con
mis investigaciones. Ya no podía trabajar más
en el «cobertizo miserable» que yo llamaba
laboratorio. Me esforcé mucho para conseguir
que construyeran un laboratorio nuevo, pero
la universidad lo retrasaba. Cuando ya parecía
que habían olvidado su promesa de construir
un laboratorio nuevo, les amenacé con irme.
La amenaza surtió efecto. Finalmente, la
universidad construyó un laboratorio nuevo para
las investigaciones científicas con materiales
radiactivos, que yo dirigía. El Instituto Pasteur
también construyó un laboratorio, al lado del mío,
para investigaciones médicas. Los dos laboratorios
juntos se conocen con el nombre de Instituto
Radio.

A finales de julio de 1914, mi nueva oficina
estaba preparada para el traslado y habían
comenzado a llegar los primeros instrumentos
para el laboratorio. Poco tiempo después, me

puse a trabajar en la nueva oficina y en el
laboratorio. Todos los implicados teníamos
mucho trabajo y estábamos muy ilusionados
con la nueva aventura. Con tanta actividad,
parecíamos abejas en una colmena. Pero dos días
después ya no había nadie. Casi todos se habían
marchado. Había estallado la guerra en Europa.
Las tropas alemanas habían invadido Francia y
todos mis colaboradores se habían marchado a
la guerra. Me preocupaba mucho saber cuáles de
nuestros amigos y colegas volverían y a quiénes
no volveríamos a ver nunca. No me podía creer
que después de miles de años de ciencia y
educación, aún pudiéramos resolver nuestras
diferencias matándonos los unos a los otros.
Era horrible.

Muy pronto supe que en los hospitales de París
no había los equipos suficientes de rayos X para
tratar a los soldados heridos. Empecé a reunir
todos los aparatos que no podíamos utilizar en
las universidades ni en los laboratorios de los
médicos y los llevé a los hospitales.

¿QUÉ SON LOS RAYOS X?

Los rayos X están formados por ondas magnéticas y eléctricas unidas. Por eso se llama *radiación electromagnética*. Algunas otras formas de radiación electromagnética son la luz y las ondas de radio. Las ondas de rayos X son mucho más cortas. Pueden pasar a través de las partes más blandas del cuerpo humano, pero no atraviesan los huesos; por eso los médicos utilizan los rayos X para mirar en el interior del cuerpo humano sin tener que abrirlo ni hacerle cortes.

A primeros de septiembre, llegó a nuestro instituto un oficial del Gobierno. Me comunicó que debíamos trasladar todo el radio que tenía a Burdeos, para impedir que cayera en manos del enemigo. El Gobierno ya había abandonado París y se había trasladado al sur, a Burdeos, para escapar de las tropas que avanzaban. Todo el radio que había conseguido reunir pesaba apenas un gramo, ni siquiera llegaba a una cucharadita, pero, después de haberlo empaquetado dentro de una caja de plomo, casi no podía levantarlo. Probablemente, aquella caja valía un millón de francos, pero decidí llevarla a Burdeos yo sola.

El tren de París iba lleno de gente que quería huir de la capital. Alguien decía que había oído tiros al norte de la ciudad. Otros decían que habían visto relámpagos durante la noche, tal vez de cañones. Cuando llegamos a Burdeos, uno de los pasajeros se apiadó de mí y me ayudó a llevar la caja al hotel. No podía imaginar que llevábamos más de un millón de francos en aquella caja. Al día siguiente, llevé mi radio al profesor Bergonié, de la Facultad de Ciencias de la Universidad de Burdeos. Volví a París en un tren militar. Un soldado muy amable que se sentó a mi lado compartió conmigo el bocadillo que llevaba.

Al regresar a París, creí que debía aportar mi granito de arena en aquella guerra, de la mejor manera posible. Cuando el Gobierno pidió a la población que aportara oro y plata para poder pagar los gastos de la guerra, reuní todas las medallas y premios que me habían dado por mis trabajos. Apenas eran unos adornos que estaban acumulando polvo en casa, de manera que los ofrecí al Gobierno por si los querían fundir. Declinaron mi oferta, pero enseguida encontré otra forma de ayudar.

Ya había ayudado a los hospitales de París a conseguir equipos de rayos X. Pero había oído comentar que, en los hospitales próximos a las trincheras, donde tenían que atender a la mayoría de los soldados heridos, no había equipos de rayos X. El ejército francés solo disponía de un aparato de rayos X; por eso, la mayoría de los heridos necesitaban intervenciones largas y peligrosas para encontrar las balas o los trozos de metralla que les habían dañado y para que los cirujanos se las pudieran extirpar. Se estaban perdiendo muchas vidas. Pero yo sabía que los rayos X podían mostrar los fragmentos de metal y los huesos rotos del interior de los soldados heridos. Por desgracia, casi todos los soldados estaban demasiado graves para soportar el viaje hasta las unidades de rayos X que había en París. Me pareció evidente que eran los aparatos de rayos X los que se debían trasladar a los lugares donde los soldados sufrían y no al revés. Así supe lo que tenía que hacer.

Primero tuve que aprender a aplicar los rayos X a la medicina, en lugar de a la investigación científica. Luego, pude reunir el dinero suficiente para instalar una unidad de rayos X en un coche. Pusimos el aparato en la parte posterior del coche y lo hicimos funcionar gracias a un generador alimentado por el motor.

Cuando algunas personas ricas oyeron hablar de mi iniciativa, nos ayudaron a preparar más coches y nos dieron más dinero. En poco tiempo, disponíamos de veinte «coches radiológicos». Yo trabajaba en uno de los coches y mi hija Irène me ayudaba. Muy pronto nos dirigimos hacia el norte, donde estaban los campos de batalla. Los retrasos y las interrupciones me ponían furiosa porque muchas vidas dependían de nosotras. Teníamos

LA PRIMERA GUERRA MUNDIAL

La Primera Guerra Mundial estalló en julio de 1914 y terminó casi cuatro años después, el 11 de noviembre de 1918. Una de las causas de la guerra fue el asesinato del archiduque Francisco Fernando de Austria durante una visita a Sarajevo, en Serbia. Aquel crimen generó una serie de acontecimientos que culminaron con una declaración de guerra entre Alemania y Francia, que enseguida se extendió al Reino Unido y a algunos otros países de Europa, además de Rusia, Japón y los Estados Unidos. Al terminar el conflicto, aproximadamente dieciséis millones de soldados, marineros, aviadores y civiles habían muerto.

un chófer, pero también aprendí a conducir, por si algún día no podíamos contar con un conductor. Y también aprendí un poco de mecánica, por si teníamos que reparar el aparato o cambiar una rueda.

Al principio, a muchos soldados les provocaba un miedo atroz mi equipo de rayos X, pero enseguida comprendieron que era muy importante para su salud. Habían puesto a nuestros coches un sobrenombre afectuoso: los *Curietes*. Normalmente, trabajábamos en los hospitales de los pueblos. Yo instalaba una unidad de rayos X en cada hospital y enseñaba a los equipos sanitarios a utilizarla. Hacia el final de la guerra, nuestra unidad radiológica había instalado doscientas veinte unidades de rayos X en los hospitales, además de nuestros veinte *Curietes*. En el transcurso de la guerra, entre todos, habíamos examinado a más de un millón de soldados heridos.

Cuando ya no había riesgo de que volvieran a invadir París, recuperé mi precioso radio para continuar con mi trabajo. Estudié la química

del radio, los componentes que podía formar
y su radiactividad. El día 11 de noviembre
de 1918 nos llegó la mejor noticia que podíamos
imaginar: había terminado la guerra. Salí a
comprar una bandera francesa para ponerla
en el Instituto Radio, pero en las tiendas ya no
quedaban. No había ni una bandera francesa a
nuestra disposición, de manera que tuve que
improvisar algunas, cosiendo trozos de tela roja,
blanca y azul, y las puse en las ventanas del
instituto.

Los periodistas no paraban de molestarme.
Me querían conocer y escribir artículos sobre
mí, pero yo no tenía tiempo para atenderles. Lo
importante era la ciencia, no yo. Y los resultados
de los experimentos científicos se publicaban
en las revistas especializadas, de manera que no
veía ninguna razón para conceder entrevistas.
¿Cuál era el propósito? Pero una de las periodistas
no admitía un no por respuesta. Habló con
muchísimas personas hasta que encontró una que
me la podía presentar.

La recibí y le dije que podía hablar con ella unos minutos. Era una periodista americana, Marie Mattingly Meloney, que me demostró que era una gran mujer.

Le dije a la señorita Meloney que estaba disgustada porque tenía muy poco radio, apenas una muestra, ni siquiera un gramo.

—En los Estados Unidos —le dije— hay cincuenta veces más radio del que yo tengo. Solo en la ciudad de Nueva York, ya hay más que en toda Francia.

Se sorprendió mucho. Creía que yo estaba ganando una fortuna con la producción de radio y que, por lo tanto, tenía mucho radio e incluso podía producir o comprar más. Pero le dije que no teníamos dinero. Pierre y yo habíamos revelado nuestros secretos a cambio de nada. Después de haber reflexionado durante unos segundos, me dijo:

—Señora Curie, le conseguiré el dinero que necesita para comprar más radio.

Contra todos mis principios, incluso estuve de acuerdo para viajar con ella a los Estados

MARIE MATTINGLY MELONEY

El diario *The New York Times* describía a Marie Meloney (1878–1943) como una de las periodistas más importantes de los Estados Unidos. Conocida con el sobrenombre de Missy, su padre y su madre fueron también editores de periódicos y ella empezó a trabajar de periodista a los quince años. Cuando conoció a Marie Curie, en el año 1920, era la editora de una revista de moda y arte llamada *The Delineator*, publicada en Nueva York.

Unidos si la recaudación de fondos que quería promover tenía éxito. Ya no quise pensar más en aquel asunto, aliviada porque me había librado de mi primera entrevista para la prensa. Creía que ya no volvería nunca a oír hablar de aquella mujer.

Cuando regresé al laboratorio, después de unas breves vacaciones, me impresionó el enorme montón de cartas que habían llegado. La mayoría procedían de América. Cuando las abrí, comprobé que eran de personas que estaban muy interesadas en verme en los Estados Unidos. Me pedían que fuera a impartir conferencias, que les permitiera utilizar mi nombre para sus productos, que asistiera a diversos acontecimientos o que les enviara autógrafos y fotografías mías. ¡Alguien me pidió permiso para ponerle mi nombre a su caballo de carreras! La campaña de recaudación de fondos de la señorita Meloney había tenido un éxito enorme, por eso esperaba que yo accediera finalmente a visitar los Estados Unidos.

Yo había pensado que solo podría pasar un par de semanas en América, pero la señorita Meloney me convenció de que me tenía que quedar, al menos, dos meses. Cuando le comenté que echaría de menos a mis hijas, me pidió que las llevara conmigo. También me sorprendí mucho cuando me dijo que había conseguido que el presidente de los Estados Unidos me regalara un gramo de radio. ¡Me quedé muy impresionada!

El día 4 de mayo de 1921 embarqué en el transatlántico Olympic en el puerto de Cherburgo. Mi camarote era tan grande que me sentía como una estrella de cine. Soporté la travesía bastante bien. Aunque la cabeza me daba vueltas de vez en cuando, no me mareé del todo.

Cuando llegamos a Nueva York, empecé a preocuparme de verdad porque la señorita Meloney me había preparado un encuentro con la prensa. Me senté en un sillón, en la cubierta del barco, rodeada por un grupo notable de periodistas, fotógrafos y hombres con cámaras. No paraban de hacerme preguntas, mientras me decían que mirara hacia aquí o hacia allá

CRUZAR EL OCÉANO

Cuando Marie Curie visitó los Estados Unidos, la única forma de cruzar el océano era en barco. Dos aviadores británicos, John Alcock (1821–1919) y Arthur Whitten Brown (1886–1948), habían realizado el primer vuelo sin escalas sobre el océano solo dos años antes. El piloto americano Charles Lindberg (1902–1974) protagonizó el primer vuelo transatlántico individual en el año 1927. Los vuelos regulares con pasajeros sobre el Atlántico empezaron en 1928, con unos dirigibles enormes. El transporte de pasajeros en avión no comenzó hasta los años treinta.

para hacerme fotografías. Fue algo de locos, una experiencia que no había tenido nunca.

Cuando por fin pude bajar del barco, había miles de personas en el muelle, que agitaban banderas y llevaban ramos de flores para mí. Hasta había bandas de música que tocaban los himnos de Francia y de Polonia. Un millonario, Andrew Carnegie, había enviado una limusina para recogerme y llevarme a casa de la señorita Meloney. Empecé a comprender lo importante que había sido mi descubrimiento del radio.

Todos los periódicos de la tarde incluían reportajes sobre mi llegada. Uno de aquellos reportajes me enfadó mucho. Aseguraba que yo había ido a los Estados Unidos a «curar todos los cánceres». Le enseñé el titular a la señorita Meloney y le dije:

—Yo no he dicho eso. ¡Está mal, mal, mal!

Me prometió que telefonearía al periódico y les haría corregir la información. Luego me comentó que algunas universidades querían darme premios honoríficos y que tendría que ponerme la toga y el birrete de la universidad. Debí poner una cara muy extraña porque me preguntó:

—Ha traído usted el birrete y la toga, ¿verdad?

No los había llevado porque, en realidad, nunca había tenido ni la toga ni el birrete de la universidad. La señorita Meloney no se lo podía creer. Enseguida se puso en contacto con un sastre que nos envió una toga de seda negra nueva. Era horrible. Y el birrete en forma de mortero que la acompañaba me daba un aspecto ridículo. Finalmente, y después de discutir mucho, accedí a ponerme la toga, pero de ninguna de las maneras me puse aquel birrete.

Tuve que asistir a cenas interminables y también impartí conferencias. En una de aquellas ocasiones, comenté a la audiencia una idea que tenía muy clara:

—Cuando descubrimos el radio —les dije—, nadie sabía que podía resultar útil en los hospitales. Era un trabajo puramente científico. Eso demuestra que el trabajo científico puede hacerse por el gusto de hacerlo y por la belleza de la ciencia. Luego, siempre existe la posibilidad de que resulte, como pasó con el radio, un beneficio para la humanidad.

Por fin llegó el gran día. El 20 de mayo, el presidente Harding me recibió en la Casa Blanca, en Washington. Me regaló un gramo de radio. O, al menos, eso creyeron todos, aunque, en realidad, solo me dio una cajita vacía. El radio era tan valioso y tan peligroso por la radiactividad que emitía que no se podía guardar en aquella cajita. Estaba guardado en un lugar seguro.

Yo me sentía exhausta después de la gira. El 28 de junio volví a Francia a bordo del Olympic con mi valioso radio bien guardado en la caja de seguridad del barco. Valía más de cien mil dólares. La señorita Meloney había conseguido dinero para comprar muchos más productos radiactivos que valían miles de dólares. Y aún iba llegando más dinero.

- Marie Curie fue la primera profesora de la Sorbona después de la muerte inesperada de su marido, en el año 1906.

- Lideró una campaña para llevar coches equipados con rayos X a los soldados que combatían en el frente en la Primera Guerra Mundial para poder tratarlos antes y mejor. Marie y su hija conducían uno de los coches y ayudaban en los hospitales.

- La periodista americana Marie Mattingly Meloney acompañó a Marie en una gira para recaudar fondos a lo largo de los Estados Unidos con el objetivo de reunir dinero para poder comprar radio y continuar sus investigaciones. Marie conoció al presidente de los Estados Unidos, Warren G. Harding, y consiguió miles de dólares.

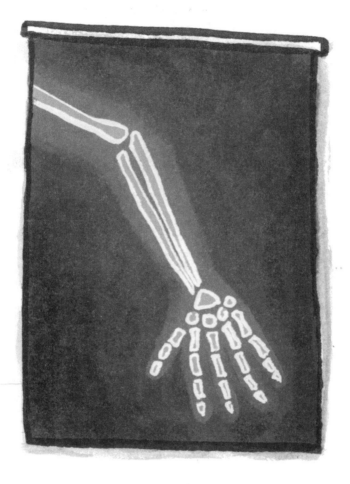

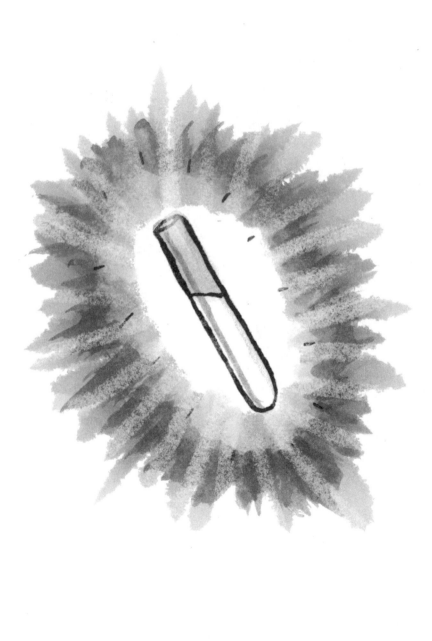

CAPÍTULO 6

1925

La Academia Francesa de Medicina me pidió que les ayudara a descubrir medidas para trabajar sin peligro con el radio. Siempre había creído que en el laboratorio trabajábamos de forma segura. Algunas personas habían sido afectadas por el radio porque no eran científicas y no sabían manipularlo. Algunos falsos médicos habían empezado a vender varias clases de tónicos y pretendidas medicinas que contenían radio.

Uno de ellos, que se hacía llamar Alfred Curie, vendía una crema para la piel llamada Tho-Radia. Había una pasta dentífrica de radio, betún para los zapatos con radio y bebidas con radio. Un fertilizante a base de radio aseguraba que las plantas crecían más grandes y más sanas. Por supuesto, todo aquello eran barbaridades.

La gente llegó a creer que el radio era inofensivo porque era natural. ¿Por qué? ¿Cómo podían ser tan estúpidos? Hay plantas venenosas que también son naturales y no por ello son inofensivas. La belladona, que es mortal, y el veneno de algunas serpientes también son naturales. Pero ¿son inofensivos? Por supuesto que no. Pero la gente se ponía radio en los dientes y en los labios ¡para lucir en las fiestas! Algunos bailarines se pintaban el cuerpo y los vestidos con radio para hacer que brillaran sobre el escenario. ¿Qué pensarían?

Todos debían saber que el radio podía ser peligroso, pero ¿no lo utilizaban contra el cáncer?

¿HASTA QUÉ PUNTO ES PELIGROSO EL RADIO?

Tanto Marie como Pierre Curie sufrieron quemaduras, dolores en las articulaciones, cansancio y anemia por culpa de la radiación que emite el radio. Entre los ciento cuarenta científicos que murieron en el año 1925 después de haber trabajado con el radio, había algunos colaboradores de Marie. Los trabajadores de las industrias que utilizaban el radio también sufrieron varios males. Y muchas de las personas que bebían habitualmente tónicos con radio, porque los consideraban saludables, murieron envenenadas por la radiación. El radio era, y es, enormemente peligroso debido a la radiactividad.

¿QUÉ ES EL CÁNCER?

Un cuerpo humano sano está formado por trillones de células vivas. Hay una necesidad constante de renovar las células, para crecer y para reemplazar a las muertas. Las células sanas se dividen en dos para crear las nuevas que necesitamos. Si el mecanismo no funciona bien, las células se pueden dividir una y otra vez y producir muchas más de las necesarias. Las células que sobran, que pueden no funcionar bien, pueden expandirse y continuar dividiéndose. Así, las células enfermas pueden estropear algunos órganos vitales. Esto es el cáncer.

LAS CHICAS DEL RADIO

A lo largo de la década de los años veinte del siglo pasado, algunas mujeres que trabajaban en fábricas de relojes en los Estados Unidos y Canadá empezaron a ponerse enfermas. Su trabajo consistía en pintar con radio las agujas y los números de las esferas de los relojes para que brillaran en la oscuridad. A menudo, para perfilar los pinceles, las mujeres se los ponían en la boca y los chupaban. Aquella práctica ocasionó una enfermedad grave conocida con el nombre de *mandíbula de radio* y aquellas mujeres se conocen con el nombre de *las chicas del radio*.

SEÑORA, CREO QUE DEBERÍA UTILIZAR LAS PINZAS PARA MANIPULAR EL RADIO.
NUNCA HE UTILIZADO PINZAS NI GUANTES Y NO PIENSO EMPEZAR AHORA.

ESTARÉ TRABAJANDO UNA MEDIA HORA. NO SE PREOCUPE, QUE TODO VA BIEN.

¿Y cómo funciona? Mata las células cancerosas. Unos tubos con radio que se introducen en la piel matan las células.

Recuerdo que cuando comenzamos a trabajar con la pechblenda, le llevamos una probeta de vidrio con una muestra de radio a Henri Becquerel. Se la guardó en el bolsillo y cuando la sacó, pocas horas después, notó que el tubo le quemaba la piel. Yo también sufrí algunas quemaduras mientras manipulaba el radio.

Pierre estudió hasta los efectos del radio sobre la carne viva y se puso un poco de radio en el brazo para ver qué pasaba. Cuando le salió un eccema, se quedó impresionado. Midió la superficie quemada, que cubría un área de seis centímetros cuadrados. A lo largo de los días siguientes, le creció y se le ponía cada día más roja. Cuando habían pasado veinte días, vino a verme con una gran sonrisa en los labios, me mostró el brazo y me dijo:

—Mira, Marie, me ha salido un eccema parecido a la sarna sobre la quemadura.

La herida se hizo tan grande que se la
tuvieron que vendar. El día cuarenta y dos,
comenzó a salirle piel nueva alrededor de la
quemadura. Al cabo de cincuenta y dos días,
la herida aún no se le había curado del todo.
Le dejó una marca gris en la piel, lo que quería
decir que el mal todavía continuaba por dentro.
De aquella forma comprendimos que el radio
podía causar cambios físicos, desde los primeros
días que comenzamos a trabajar con muestras.
Por eso debíamos manipularlo con mucha
precaución.

Cuando la Academia de Medicina hizo público
su informe, advirtió a los científicos de que
tenían que trabajar protegidos por pantallas
metálicas, manipular el radio siempre con
pinzas y guardarlo en cajas de metal herméticas.
También aconsejaba a los científicos que se
hicieran análisis de sangre regularmente, para
comprobar su estado de salud. Nosotros ya
sabíamos todo eso. Muchos de los científicos que
colaboraban conmigo ya trabajaban de aquella

¿DE DÓNDE SALE LA ENERGÍA NUCLEAR?

Se necesita tanta energía para romper partículas de materia con la fuerza suficiente para formar átomos nuevos que el proceso, normalmente, solo se produce en el interior de las estrellas. Si las partículas que hay en el interior de los átomos, llamado *núcleo*, vuelven a reunirse, liberan una enorme cantidad de energía. Esta es la energía que hace brillar al radio y libera calor. También es la energía utilizada en las centrales nucleares para producir electricidad y la que se libera de repente cuando explota una bomba nuclear.

manera por seguridad. A mí no me importaba. Siempre había creído que el radio no era peligroso para mí.

Mi querido Pierre también nos había advertido de otro peligro que le preocupaba. Lo comentó en la ceremonia de recepción del premio Nobel en el año 1903.

—El radio puede resultar muy peligroso —declaró— en manos de un criminal.

Mi yerno Frédéric, el marido de mi hija Irène, también se mostraba muy preocupado por el uso del radio y de otras sustancias radiactivas. Decía que si los científicos descubríamos algún día cómo liberar la energía que se conserva en el interior de los átomos, esto podría ser utilizado para bien o para mal. Se podrían fabricar armas devastadoras, bombas de un poder inmenso. Nuestros cálculos demostraban que solo una libra de radio, que cabe en una mano, guarda más energía de la que puede producir una gran central en un año entero. Si alguna vez era posible liberar toda esa energía de golpe, el resultado sería un arma mucho más potente que cualquiera de las bombas que conocíamos. Solo una de estas bombas atómicas podría generar una bola de fuego capaz de destruir una ciudad entera. No quiero ni imaginarlo. La Tierra se convertiría en un infierno.

Marie Curie creía que los científicos nunca descubrirían cómo se podía utilizar la energía atómica en una guerra. Pero, en realidad, los científicos descubrieron cómo se podía liberar una enorme cantidad de energía a partir de los átomos y lo utilizaron como un arma terrorífica, aunque ella ya no vivía para verlo. Once años después de su muerte, la Segunda Guerra Mundial acabó cuando estallaron las dos primeras bombas nucleares. La primera fue lanzada por los Estados Unidos sobre la ciudad japonesa de Hiroshima, que destruyó la ciudad y mató a miles de personas. La segunda destruyó la ciudad japonesa de Nagasaki. Así, Japón se rindió y terminó la guerra.

- En el año 1920 una epidemia de radio se expandió por el mundo entero. Algunos falsos médicos vendían productos inútiles y peligrosos a un público que no entendía el peligro de los materiales radiactivos.

- En el transcurso de la Segunda Guerra Mundial, otros científicos continuaron investigando las propiedades del radio con la intención de crear poderosas bombas atómicas. El mundo se convirtió en un lugar más peligroso.

EPÍLOGO

n junio de 1934, Marie Curie, de
sesenta y seis años, viaja al sanatorio
de Sancellemoz, en Passy, al suroeste de
Francia. Se inscribió con el nombre
de *señora Pierre* para evitar que
los periodistas la descubrieran. Su hija Ève la
acompañaba. Un médico prestigioso, el doctor
Roch, había viajado desde Ginebra, en Suiza,
expresamente para verla. Mientras una enfermera
le acompañaba a la habitación de la enferma, le
preguntó:

–¿Cómo se encuentra hoy, *madame* Curie?

–Hoy parece que está algo mejor –respondió la enfermera, seria–, pero aún está muy enferma.

El día anterior, había llegado a tener cuarenta de fiebre.

Cuando llegaron a la habitación, encontraron a Marie sentada en su cama, al lado de su hija Ève.

–Profesor –preguntó Marie al doctor Roch–, ¿me trae buenas noticias?

–Ya lo creo, señora –le dijo, y le mostró algunas placas de rayos X–. Las radiografías, como usted sabe, no muestran problemas en los pulmones.

Sus médicos creían que Marie tenía tuberculosis, la misma enfermedad que acabó con la vida de su madre. Pero las radiografías del pecho no mostraban ninguna señal de aquella enfermedad en sus pulmones. La enfermedad de Marie constituyó un misterio hasta que los médicos le hicieron un análisis de sangre.

—La respuesta la tenemos en su sangre, señora —continuó el médico—. Padece usted una anemia perniciosa. Le puedo asegurar que usted no tiene tuberculosis y, por lo tanto, no necesita que la operemos.

La anemia es una enfermedad causada por una falta de glóbulos rojos sanos en la sangre. La anemia perniciosa es una variante muy peligrosa de la enfermedad. Ante la sorpresa de todos, Marie se alegró por las noticias que le trajo el médico. Ella imaginaba que padecía alguna enfermedad que haría necesaria una operación quirúrgica y estaba muy preocupada porque su padre murió después de una de aquellas operaciones.

Mientras el médico observaba una de las radiografías al contraluz de la ventana, la hija de Marie le dijo:

—Profesor, ¿usted sabía que mi madre enseñó a muchos médicos a utilizar las máquinas de rayos X durante la guerra?

—Es cierto, *madame* Curie —respondió el médico—. Sin su trabajo durante la guerra, probablemente no estaríamos mirando ahora una radiografía.

–Tal vez –comentó Marie.

–Todo esto que ha sucedido –continuó su hija Ève– es consecuencia de un momento de inspiración, cuando imaginaste que los rayos de uranio procedían del interior de los átomos. Nadie creyó que mi madre tuviera razón al afirmar esto, pero ella les demostró a todos que era verdad. Gracias a eso, la humanidad ha descubierto el polonio y el radio, ha asimilado las nuevas ideas a propósito de los átomos y de la energía atómica y ha creado nuevas curas para el cáncer.

–Su trabajo con el radio ha cambiado la historia –continuó el médico–, *madame* Curie, pero probablemente es también la causa de su enfermedad.

Marie no estaba de acuerdo. Insistió en que su enfermedad no tenía nada que ver con el radio y que solo necesitaba llenar sus pulmones con el aire limpio y puro de la montaña para recuperarse. Las enfermeras le tomaban la temperatura cada hora y ella estaba segura de que los resultados mejoraban.

–Pero doctor –comentó–, la fiebre me va bajando poco a poco, y eso es una buena señal, ¿no?

El médico sonrió, pero le dijo que no.

Estaba mucho más enferma de lo que ella creía. De hecho, se estaba muriendo, pero su hija Ève no quería que se lo dijeran. El descenso de su temperatura corporal no era un signo de mejoría, sino una señal de que su organismo comenzaba a fallar. Aquel mismo día, al cabo de pocas horas, entró en coma. Ève y uno de los médicos, Pierre Lowys, se relevaron toda la noche para velarla. Al alba del día siguiente, el 4 de julio de 1934, el corazón de Marie Curie dejó de latir. La noticia de su muerte ocupó las primeras páginas de todos los periódicos del mundo.

Dos días después, se celebró su funeral solo con la familia, los amigos y algunos de sus colaboradores. Fue enterrada con su marido Pierre, cerca de su casa en Sceaux, al sur de París. Muchos científicos y algunos historiadores hubieran querido leer sus notas de trabajo en el laboratorio, para aprender. Pero, por desgracia, sus cuadernos eran demasiado radiactivos para poder manipularlos con seguridad sin utilizar las ropas apropiadas.

El libro de Ève Curie sobre su madre fue publicado en Francia, Gran Bretaña, los Estados Unidos y muchos otros países del mundo, a la vez, en el año 1937. Se convirtió en un gran éxito de ventas.

En el año 1995, los restos de Marie y de su marido Pierre fueron exhumados. Antes de sacar el cuerpo de Marie de la sepultura, midieron su radiactividad. La enfermedad que le había costado la vida se podía deber a los años de exposición a la radiación durante su trabajo con el radio. Esto podía haber convertido su cuerpo en una sustancia poderosamente radiactiva, pero los científicos se sorprendieron al ver que los niveles de radiactividad que desprendía eran muy bajos. Aquello era un misterio. Su enfermedad había sido causada por la radiación, pero no parecía que aquella radiación la hubiera causado el radio. Una larga exposición a los rayos X podía haber causado la misma enfermedad, sin dejar una radiactividad alta en su cuerpo. Gracias a aquel descubrimiento, los científicos consideraron que la enfermedad que le había provocado la muerte podía haber sido causada por la larga exposición a los rayos X durante la Primera Guerra Mundial. Marie había hecho miles de radiografías sin el equipamiento apropiado. Probablemente había recibido una dosis mortal de rayos X.

Los restos de Marie fueron trasladados a un edificio que se conoce con el nombre de Panteón, en París, donde descansan algunos de los ciudadanos franceses más ilustres. Marie Curie fue la primera mujer que recibió aquel honor, por todos los trabajos que había realizado a lo largo de su vida. Miles de personas, incluido el presidente de Francia, asistieron al acontecimiento para mostrar sus respetos a Marie y Pierre Curie. La joven polaca había realizado una gran carrera, por supuesto. Además de sus importantes trabajos con la radiactividad, consiguió que fuera más fácil para todas las mujeres acceder a la formación universitaria, convertirse en científicas y que el mundo reconociera su trabajo.

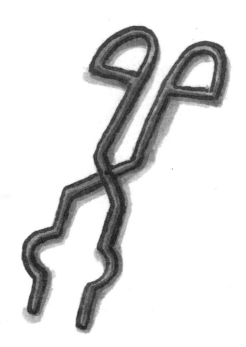

CRONOLOGÍA

1867

Maria Salomea Sklodowska, familiarmente Manya, nace en Varsovia el 6 de noviembre.

1883

Manya se gradúa con una medalla de oro.

1886

Manya empieza a trabajar como institutriz.

1891

Manya, ahora con el nombre de Maria, llega a París para empezar a estudiar Física en la Sorbona, la Universidad de París.

1893

Maria se gradúa en Física, la primera de su curso.

1894

Maria estudia un máster de Matemáticas y conoce a Pierre Curie.

1895
Marie y Pierre se casan.
Wilhelm Roentgen descubre los rayos X.
Los hermanos Lumière muestran la primera
película en París.

1897
Nace Irène, la primera hija de Marie y Pierre.
Marie empieza a preparar su doctorado.

1898
Marie y Pierre descubren un nuevo elemento,
que Marie llama *polonio* en homenaje a su país,
Polonia.
Más tarde, descubre un nuevo elemento, el radio.

1901
Muere la reina Victoria.

1903

Marie consigue el doctorado en Ciencias y es la
primera mujer que gana el premio Nobel, en Física,
que comparte con Pierre y Henri Becquerel.
Los hermanos Wright construyen y ponen a prueba
el primer dirigible con motor.
Un gran terremoto destruye San Francisco, en
los Estados Unidos.

1904

Pierre Curie empieza a ejercer de profesor en la
Sorbona.
Nace la segunda hija de Pierre y Marie, a quien
llaman Ève.

1905

El físico nacido en Alemania Albert Einstein
publica una serie de estudios científicos, uno de
los cuales explica la teoría de la relatividad,
una de las teorías científicas más importantes
del siglo xx.

1906

Pierre Curie muere en un accidente de tráfico en
París.
Marie ocupa su plaza y se convierte en la
primera profesora de la Sorbona.

1908

Ford empieza a producir el modelo Ford T.

1911

Marie gana su segundo premio Nobel, esta vez el de Química. Es la primera mujer que gana dos premios Nobel y también la única persona que ha ganado dos en dos ciencias diferentes.
Ernest Rutherford descubre la estructura del átomo.

1912

El transatlántico RMS Titanic se hunde durante su primer viaje desde Gran Bretaña a Nueva York. Mueren más de 1500 personas.

1914

Empieza la Primera Guerra Mundial.
Marie lleva su radio a Burdeos para esconderlo durante la guerra y evitar que caiga en manos del enemigo. También crea veinte unidades móviles de rayos X que se utilizan para tratar a los soldados heridos en el frente.

1917

Los Estados Unidos entran en la Primera Guerra Mundial.

El zar de Rusia y su familia son ejecutados después de la Revolución.

1918

Termina la Primera Guerra Mundial con la derrota de Alemania.

Se inaugura en París el Instituto Radio.

1919

Dos aviadores británicos, Alcock y Brown, protagonizan el primer vuelo sin escalas a través del Atlántico.

1920

Marie realiza el primero de sus dos viajes a Estados Unidos.

1925

El inventor escocés John Baird transmite las primeras imágenes de televisión.

1927

El aviador americano Charles Lindbergh protagoniza el primer vuelo en solitario y sin escalas a través del Atlántico.

El inventor americano Philo Farnsworth fabrica el primer sistema electrónico de televisión.

Se presenta *The Jazz Singer* ('El cantante de jazz'), la primera película sonora.

1928

Alexander Fleming descubre la penicilina, el primer antibiótico moderno capaz de terminar con las bacterias.

1929
Una grave crisis económica, llamada la Gran
Depresión, se pone de manifiesto en los Estados
Unidos. Durará hasta la Segunda Guerra
Mundial.
Marie Curie visita los Estados Unidos por
segunda vez.

1932
Se inaugura en Polonia el segundo Instituto
Radio, dirigido por Bronya, la hermana de Marie.

1934
Marie Curie muere el 4 de julio, a causa de una
anemia provocada, probablemente, por los años de
exposición al radio y a los rayos X durante la
Primera Guerra Mundial.

1995
Los restos de Marie y Pierre Curie son
trasladados al Panteón de París, donde
descansan algunos de los ciudadanos más
importantes de Francia.

GLOSARIO

Aislante Sustancia que no deja pasar fácilmente el calor, el sonido ni la electricidad.

Anemia Enfermedad causada por la falta de glóbulos rojos sanos o por déficit de una sustancia llamada *hemoglobina* que forma parte de los glóbulos rojos. Los enfermos de anemia pueden sentirse fatigados, débiles y notar que les falta el aliento.

Anemia aplásica Enfermedad rara causada por la imposibilidad del cuerpo humano para producir glóbulos, como consecuencia de un mal funcionamiento de la médula ósea.

Anemia perniciosa Enfermedad o clase de anemia causada por la falta de glóbulos rojos en la sangre.

Atentado Asesinato provocado por causas políticas.

Átomo La parte más pequeña de un elemento.

Beca Cantidad de dinero que se paga a un estudiante para ayudarlo a terminar su carrera o unos estudios.

Birrete Sombrero académico con la parte de arriba plana y cuadrada que suele utilizarse en ceremonias universitarias.

Cáncer Enfermedad causada por una división celular anómala en alguna parte del cuerpo.

Catedrático El nivel más alto de los docentes universitarios.

Cirujano Médico especialista en cirugía o tratamiento que permite la realización de incisiones en el cuerpo humano para extirpar o reparar las partes enfermas o heridas.

Coma Periodo de inconsciencia del cual algunos enfermos no pueden despertar.

Compuesto Sustancia formada por la combinación de dos o más tipos de átomos.

Conductora Sustancia que permite fácilmente el paso de calor, sonido o electricidad.

Corriente eléctrica Flujo, parecido a la corriente de un rio, de partículas cargadas de electricidad que se mueven en la misma dirección.

Doctorado   El nivel académico más alto que se puede conseguir en una universidad.

Elemento   Uno de los más de cien materiales que no se pueden dividir en sustancias más simples. Los elementos están formados por átomos. Cada elemento está formado por una clase diferente de átomos. El hidrógeno, por ejemplo, es un elemento formado por átomos de hidrógeno.

Energía   Capacidad para ejercer un trabajo. Hay muchas clases de energía, como la calorífica, la eléctrica, la mecánica o la magnética.

Espectro   Los colores de la luz dispuestos de tal manera que se puedan ver todos los colores que la forman.

Espectroscopia   Estudio científico de la luz que libera la materia o que la afecta.

Franco   Moneda utilizada en Francia y algunos otros países de Europa antes de la implantación del euro, en 2002.

Geólogo/a   Científico o científica que estudia la Tierra y los procesos naturales que la han afectado desde que se formó.

Graduado/a   Persona que ha terminado una carrera universitaria.

Graduado honorario Título académico que puede conseguir un hombre o una mujer, no por haber estudiado una carrera, sino por su trabajo importante en cualquier campo.

Institutriz Mujer que educa alumnos en el domicilio de estos.

Laboratorio Habitación o edificio donde los científicos estudian o investigan.

Limusina Coche grande, de lujo, que suele conducir un chófer profesional.

Máster Título académico que se concede a las personas que completan su formación con estudios superiores a los de la graduación.

Metralla Trozos de metal que esparcen las bombas al explotar.

Monsieur Palabra francesa que se utiliza para dirigirse a los hombres, como *mister* en inglés o *señor* en castellano.

Núcleo Partícula o partículas que ocupan el centro de los átomos. El núcleo tiene una carga eléctrica positiva, equilibrada por la carga negativa de los electrones que orbitan alrededor de él.

Partícula Una minúscula porción de materia.

Premios Nobel Premios internacionales que se otorgan a personas que han tenido un éxito destacado en los campos de la física, la química, la psicología, la medicina, la literatura, la economía y las propuestas de paz en el mundo. Los premios reciben el nombre del científico sueco Alfred Nobel (1833–1896), que inventó la dinamita y, al morir, dejó mucho dinero para sufragar los premios.

Radiación Partículas de ondas electromagnéticas liberadas por una sustancia.

Radiación alfa Partículas liberadas por algunos materiales radiactivos. Cada partícula alfa está formada por cuatro partículas más pequeñas.

Radiación beta Partículas liberadas por algunos materiales radiactivos.

Radiación electromagnética Rayos compuestos por ondas eléctricas y magnéticas que viajan juntas por el espacio. La luz, las ondas de radio, los rayos X y los rayos gamma son electromagnéticos.

Radiación gamma Uno de los tres tipos de radiación que liberan los elementos radiactivos. La radiación gamma la producen rayos como la luz, las ondas de radio y los rayos X, pero las ondas que la forman son más cortas y tienen más energía.

Radiactividad Producción de partículas o de ondas electromagnéticas desde el núcleo de los elementos radiactivos.

Rayo Corriente de partículas o de ondas que viajan por el espacio.

Rayos X Ondas electromagnéticas muy cortas que pueden pasar a través de cuerpos que no permiten el paso de la luz. Los rayos X se utilizan en los hospitales para hacer radiografías que muestran los huesos y otras estructuras del interior del cuerpo humano.

Sorbona Una de las secciones más antiguas de la Universidad de París, fundada en el siglo XIII.

Tifus Enfermedad infecciosa transmitida por las pulgas y los piojos, que causa fiebres, dolor de cabeza y erupciones en la piel.

Toga Vestido ancho, con mangas largas y generalmente negro, que suelen utilizar los doctores universitarios.

Transatlántico Barco de pasajeros grande, a menudo de lujo, que realiza viajes de larga distancia.

Transmutación Cambio de un elemento a otro, mediante la radiactividad que libera partículas u ondas.

Tuberculosis Enfermedad infecciosa que habitualmente afecta a los pulmones.

Uranio Elemento químico que libera rayos radiactivos. Se ha utilizado como combustible en las centrales nucleares y en las primeras bombas atómicas.

ÍNDICE ANALÍTICO

ÍNDICE

En la misma colección

Isaac Newton y la gravedad
de Alex Woolf
Dibujos de Annaliese Stoney
ISBN: 978-84-9142-409-3

En *Isaac Newton y la gravedad* seguiremos las aventuras
alucinantes del famoso y excéntrico científico.

Descubrirás cómo Isaac utilizó su genio matemático
y científico para realizar grandes descubrimientos
a propósito de la ley de la gravitación universal, la
naturaleza de la luz y la velocidad del sonido.